시간의 밀도

시간의 밀도

성경옥 시집

그림과책

| 작가의 말 |

   모든 것의 시작은 위험하다. 그러나 무엇을 막론하고, 시작하지 않으면 아무것도 시작되지 않는다.   -니체

   당시에는 지긋지긋했지만 이제 그 기억은 내 마음이 뜯어먹기 좋아하는 좋은 풀밭이 되었다.   -조지 오웰

   시란 금방 부서지기 쉬운 질그릇인데도 우리는 그것으로 무엇인가를 떠 마신다.   -황지우

   제 삶의 한켠에는 늘 시 쓰기의 즐거움과 막막함이 함께하였습니다. 니체의 말처럼 모든 것의 시작은 위험하지만, 시작하지 않으면 아무것도 시작되지 않았기에 용기를 내어 쓰다 보니 이제 두 번째 시집을 세상에 내놓게 되었습니다. 제가 살아오며 쌓아온 기억의 층위에서 발생한 다양한 생각과 느낌이 독자분들에게도 좋은 풀밭이 되었으면 좋겠습니다. 때로는 질긴 풀일 수도 있어 천천히 음미해야 할 시간이 필요할지도 모르겠습니다. 다양한 식감과 풍부한 향기가 되어 읽힐 수 있기를 기대해 봅니다. 시집이 나오기까지 노력해 주신 그림과책 관계자분들과 충남문화관광재단에 고마움을 전합니다. 그리고 제 시집을 기다려준 분들의 사랑과 호명에 〈시간의 밀도〉에 수록된 부족한 시들로 답합니다.

2024년 6월

성 경 옥

| 차례 |

5   시인의 말

I부

12   하루
14   강물
15   내일을 기다리는 그대에게
16   양파
17   동백꽃
18   손금
20   마음속 오지
21   수영강습
22   자각
24   여백
26   통영
28   두려움
30   낮잠
31   뜨락
32   새해
34   오래전 기억 1
36   오래전 기억 2
37   나의 빈들거리는 공터
38   자개장롱
40   태풍
41   기울기
42   개미
43   몸살

II부

46　잔설
48　철쭉
49　발칙한 망상
50　어떤 독서
52　겨울 산의 나무들처럼
54　횡포
56　그늘막
57　봄비
58　자작나무
60　6월의 오솔길
61　알로에
62　섬
63　2월과 11월
64　샘물
66　어떤 만남
67　부조화
68　자괴감
69　단풍
70　감각
71　오늘의 급훈
72　시간의 밀도
74　생애 첫 기억
75　독자

Ⅲ부

- 78 겨울눈
- 79 말문
- 80 이상한 나라의 앨리스
- 82 부사어
- 84 오해
- 86 말
- 87 침묵
- 88 시지프스
- 89 모녀
- 90 서른, 그대
- 92 시인의 초상
- 94 고흐의 노랑
- 96 동우冬雨
- 98 동우冬雨 2
- 99 구스타프 클림트의 키스
- 100 장예모 감독
- 101 기도
- 102 발톱
- 105 침묵의 진동
- 106 엽서
- 108 어떤 죽음
- 110 욥 1
- 111 욥 2

112   욥 3
113   사도 바울
114   주님 오시는 날
115   날마다 아침으로
116   새해 2
117   찬송

118   해설

I부

내일이면 괜찮아지겠지
내일을 기다렸는데
난 늘 오늘만 살고 있어서
오늘을 살기로 했네

하루

쌀 씻는 소리
밥하는 소리
파 써는 소리
두부 써는 소리
된장 푸는 소리

밥 익는 냄새
된장국 끓는 냄새

숟가락 놓는 소리
반찬 뚜껑 여는 소리

삶에 지쳤을 때
우리 일상을 떠받치는
저 힘과 질서

온 우주보다
네가
더 귀하다고
밥 한술 떠먹는
내가

더 귀하다고

하루를 살아낸
그대

이 밥상을 차리고 먹을
자격이 있다고

강물

강물이 등을
보여주는 순간,
그것을 보는 이는
느리게 걷는 자이고
오랫동안 들여다보는 사람이다
파도처럼 각자 튀지 않고
달리지 않고 덤벼들지 않고
잔잔하게 어울려 서로 빛나는
저 물비늘
강이 그 등허리를
햇빛 아래 반짝일 때
그들만이 눈빛으로
그 등을 쓸어내릴 수 있다

내일을 기다리는 그대에게

내일이면 괜찮아지겠지
내일을 기다렸는데
난 늘 오늘만 살고 있어서
오늘을 살기로 했네

꽃도 오늘 피어나
꽃도 오늘 지고

바람도 오늘 불고
바람도 오늘 그치니

내 삶에 놓인 오늘을 지내고
내일을 맞이하면
또 오늘이니

우리는 늘 오늘만 살고 있더라

양파

까도 까도 알 수 없는 속이라고
네가?

까도 까도 똑같은
너!

겹겹이 둘러싸인 수수께끼를
포장한 듯

눈물을 머금고 벗기면
그래도 무엇이 있겠지

미련을 못 버리고 벗겨보는
내일 같은 것일까
삶 같은 것일까

동백꽃

꽃잎 한 장
떨어짐 없이

예고도 없이
증상도 없이

끌어안은
그리움의 무게를
감당하지 못하고

시간에 처형당한 채
순식간에 자기도 모르게
맞이하는 죽음
목이 잘려 떨어지는

동
백
꽃

손금

아기의 손가락을 하나씩
펼쳐 보고
그 작은 손바닥 안에도
주름진 손금이 있는 것을
발견하고 울었던 기억

삶을 살다가
넘어야 할 산도 보이고
지나야 할 강도 보이고
두 손 모아 기도해야 할 순간도 보이고
휘몰아치는 회오리 같은 환희의 순간도 보이고

아기의 손가락
하나씩 다시 접으면서
엄마 손바닥보다 더 큰 손이 되어
너에게 놓인 이 삶을

다 살아내고
더 사랑하라고
더 씩씩하라고

기도하던 밤

마음속 오지

물을 주어야 할지
물을 멈추어야 할지
가늠할 수 없는 그곳
바람이 불고 있는지
태풍이 멈추었는지
천둥이 지나갔는지
가늠할 수 없는 그곳
빗방울인지 눈물방울인지 모를 물기
축축한 가랑잎 살짝 들추면
햇빛 없는 그늘 속에서도
살아보겠다고 기를 쓰며
두 발 꼿꼿이 세운 채
싹이 트고 있는데
몸을 세우기 위해
힘이 잔뜩 들어간
발레리나의 두 발 같은
떡잎 두 장
삶의 무게 중심이 되는 저 힘
떡잎 두 장을
키우고 있는
내 마음속 오지

수영강습

마음은 인어처럼
유연하게 물살을 가르며
헤엄칠 수 있을 거라 생각했지
그 마음을 붙잡아
몸은 여기에 있네
발목은 더 이상 유연하지 못하고
중심을 잃은 몸은 나아가지 못하네
몸은 언제나
여기 현재를 살고 있어
널뛰는 마음을 붙잡아 두고
과거와 미래를 넘나드는 생각을 멈추게 하고
나를 바라보게 하네
이 정직함을 깨닫게 하네
몸으로 배우지 않은 것들의 허상
손을 뻗어 가르며
물살을 가르며
마음이 아닌
온몸으로 나아가리라
인어처럼 발목이 지느러미가 되지 않는다 해도
서툴게 차는 내 발길을 힘차게 밀어낸다

자각

젊은 날에는
마음에 끌려
몸이 살았네

세상에
사람에
사랑에
미혹된 마음
분주하기 그지없어
몸이 쉬기가 쉽지 않았네

어느 날부터
몸이 마음에 자꾸 기대네
힘들다고
한밤중 잠에 깨어
칭얼대는 아이처럼
몸이 마음에 자꾸 안기네
마음이 몸을 비로소 들여다보며
아 네가 있었구나
네가 나였구나
내가 너였구나

몸과 마음이 서로를 애잔하게 쳐다보게 되는
몸과 마음이 서로를 기대고 앉아 있는

그 어느 시간
자각하는 시간

여백

나는 뿌리가 되기로 했다
어떤 계획도 세우지 않고
오직 나의 결단으로
뿌리를 내리기로 했다
사막이어도
바위이어도
모래이어도
자갈밭이어도
그 사이사이에
뿌리를 내려
그 여백 사이사이에
뿌리를 내려

누구를 만날지
누구를 사랑할지
무엇이 될지
어디로 떠날지

심장이
쿵쿵쿵
뛰는

오십 이후의 삶을
살기로 했다

아
어디로 향할지 모를
반백의 삶
여백의 삶

통영

11월 말 통영 내려가는 길에
첫눈이 내렸다
바람이 불어서
시간과 시간 사이를 비집고 들어와 훅,
우리의 책장이 넘겨졌다
동생과 나는 아홉 살 계집아이가 되어
입을 벌려 눈을 마셨다
다시 바람이 불어
책장을 빠르게 넘겨
우리의 미래를 넘겨다보았다
멀리서 보이는 저 강물의
넉넉한 등허리 같은 우리의 노년을 생각했다
그때는 우리가 조금은 천천히 흘러가도록
바람은 보채지 않을 것 같고
단풍이 들기 전 떠나서
다시 봄 새싹을 보면서 걸어보자고
통영의 동백꽃을 보자고
통영에서 잠깐 머물렀다 떠나는 삶이 아닌
굴 캐는 아낙네 옆에서
굴전에 천천히 막걸리 한잔하면서
술잔에 동백꽃잎을 띄워보자고

굴 껍데기에 발바닥이 베이더라도
걸어가 보자고
저 해 질 녘 불타는 통영의 앞바다를

너와 내가

두려움

글이 어떻게 자기 삶을 넘어설 수 있나
글이 자기 삶을 넘어설 때
그것은 기만이 되고
그것은 폭력이 되고
그것은 소화되지 못한 배설물이 되어
세상을 오염시킨다
때로는 보자기에 수놓은 싸구려 꽃처럼
서랍 깊숙이 구겨져 쳐다보지 않게 된다
나는 두려움이 앞서
삶을 세우려
독서를 한다
운동을 한다
밥을 잘 챙겨 먹는다
정리를 한다
기를 쓴다
뭔가 해 보겠다고
그러다가
주님 앞에 속죄한다

내 글이
살아온 딱 그만큼의 삶만

쓸 수 있게 해 달라고

낮잠

담장 밑에
코스모스 해바라기 국화
거기에다
수국마저 키우는 집이라면
진돗개 한 마리
늘어져 낮잠 자는
지나가는 구름도
이 집 나뭇가지에 걸려 있고
밤새 또박또박 써 내려간
글씨처럼 정갈하게 마당 빗자루가
세워져 있는
이 집에 사는 사람은
쓰는 맘도 고와서
평상에는 일 년 내내 동네 사람들이
두런두런 이야기 나누고

그 집 아랫목에 묻어둔
밥 한 공기처럼

그렇게 잠들고 싶은 날

뜨락

친정집 뜨락에는 오래된 장독대가 아주 많습니다
어린 시절 어른들 꾸지람을 들은 날은
장독대와 장독대 사이에 들어가 한참을 혼자 훌쩍이곤 했지요
내 옆에는 진한 간장 냄새에 코 움켜잡은 바람이
살짝 들여다보곤 지나가 버리고
문득 눈물 닦고 호기심에 장독대를 열고서
찐득한 고추장 손가락으로 찍어 먹습니다
입안 가득히 퍼지는 쌉싸름한 단맛에 컥컥거리고
따라온 강아지도 까치발 들고 달라고 낑낑거립니다
흰둥이 주둥이 시뻘겋게 칠해놓고
야단칠 어른들 피해
내일은 굴뚝 뒤에 숨어야지 생각합니다
해마다 흰 눈이 내려앉는 장독대 쳐다보면서
시장에서 엄마가 사 온 호빵을 먹습니다
눈이 오는 날이면
장독대도 호빵을 올려놓고 굽습니다
장독대 위에 얹어 놓은 호빵은 누가 다 먹었을까요
친정집 뜨락은 마음의 복락입니다

새해

모든 사람에게는 다 때가 있습니다
대중목욕탕에 새겨져 있는 문구를 읽으며
목욕탕 주인은
시인이며 철학자일지도 모른다
아니 얄팍한 사기꾼일지도 모른다
새해를 맞이하기 전에
지난 때를 벗기고
새해를 맞이할 수 있다면 얼마나 좋을까
이 오래되고 익숙한
너무 많은 일을 겪어낸 몸이
너무 오래 살았다는 이 느낌을
벗겨내고 싶어서
새해로 비누칠을 하여 나를 씻는다
벗겨지지 않는
밤새 비누칠을 해도
부드러워지지 않고
어떤 기억들
거칠게 갈라져 피가 나고
피딱지 앉아도
다시 그 피딱지 벗겨내며
후벼 파며

관성으로
새해를 맞는다

하나님
자비로 나를 건져내옵소서

오래전 기억 1

어제가 힘들었을 때 떠올리네
어린 날 언덕에 올라
연을 날리던 기억
흙처럼 부드러워
그 마당에서 한바탕 뒹굴어도
발을 베는 일이 없었지

오늘이 지쳤을 때 떠올리네
숨바꼭질하며 숨었던 담장 옆
어린 머위잎 손끝에 스쳐도
손바닥에 닿는 물기
손을 시리게 하는 일이 없었지
그 자리에 꼭꼭 숨어 있어도
숨어 있다 나무랄 사람 없었지

내일이 두려울 때 떠올리네
먼지처럼 사라졌던 그 기억들
하나씩 꺼내 보네
나보다 먼저 내일로 달려가
그 기억들이
차곡차곡 쌓여

인생의 시소는 기울어지네

오래전 기억 2

밤이면 꿈은 유년 시절의
녹슨 기억으로 달려갑니다
술래잡기하며 굴뚝 아래 숨어
여섯 살 소녀가 되어
머리카락 보일까 봐
숨지 않고 눈부터 감았던 기억
흰나비 폴폴 내려앉던 봄날
술래잡기하던 아이들
모두 집으로 돌아가 버렸는데
잡히지 않겠다는 그 고집을
흰나비 따라 꿈 따라 날아가
여름날 찐득한 열기 나무 그늘로 녹아들어
나뭇잎에 스며들어 숨어버린 기억들
가을날 나를 찾아보라고
나뭇잎들 떨어져 내립니다
책갈피 속에 숨어 있는 나뭇잎 한 장
숨바꼭질하던 유년 시절 어린아이의
머리카락이 잎맥으로 아직도 남아 있습니다

나의 빈들거리는 공터

나의 빈들거리는 공터에 그대들이 온다면
페인트 벗겨진 낡은 책상에 앉아
오래된 노트북 화면에 고개를 묻은 채
자신과 세상을 번역하기 위해
시의 사전을 펼쳤으나
거기에는 없는 언어를 찾아
나비를 바라보다가
스스로 피어나는 꽃봉오리 바라보다가
바람이 만들어내는 바람의 형상을 바라보다가
오랫동안 열려 있는 문을 바라보겠소
나의 빈들거리는 공터에 그대들이 온다면
매화향 가득한 꽃차를 마시거나
식탁 위에 놓인 포도주를 마시거나
나는 시를 쓰는 일보다
그대들이 온다면 더욱 충만하겠소
나의 빈들거리는 공터에 그대들이 온다면

자개장롱

어릴 적 처음으로 이사하던 날
마당에 서 있던 나전 칠기 자개장롱
안방 벽면 위풍당당하게 자리를 차지하고
유년 시절을 함께 했던 그 장롱
안방 틈새로 들어오는 빛이
나전 칠기에 새겨진 봉황새를 비추면
저 새는 어디로 날아갈 수 있나
안방 틈새로 불어오는 봄바람이
나전 칠기에 그려진 꽃봉오리를 닿으면
저 꽃도 피어날 수 있을까
창문 너머로 두드리는 빗방울 소리 들으며
저 나비는 어디로 피할까
이사하던 날 화려했던 나비장 화초장 자개장롱
처음으로 세상에 나와 모란꽃 가득한 마당에
덩그러니 놓여 있는데
만천하에 드러나는 여기저기 그려져 있는
크레파스 자국이며 떨어져 나간 귀퉁이 조각이며
쌓여있는 먼지 거미줄마저 전선처럼 엉켜 있었지
그 쓸쓸한 뒷모습 세상의 모든 아버지 같다 생각했지
조명 꺼진 세트장 무대 같았던
이사하는 날은

살아온 날들의 흔적
여과 없이 쨍하니 마주하는 날

태풍

바람이 분다
나를 증명하라고

나무들은 미친 듯이 흔들리며
소리를 낸다

너를 잊었던 것이 아니라고
너를 잊은 적이 없노라고

각자의 생이 견딘 결대로
어떤 나무는 물결처럼 흔들리기도 하고
어떤 나무는 상모 돌리듯 긴 머리채를 흔들며
바람을 증명하고 있었다

지난밤
바람이 나무들과 함께
장구 북 꽹과리 소고를 두드리며
놀고 간 신나는 신명 마당

바람이 지나간 자리
떨어진 나뭇가지만이 뒹굴고 있었다

기울기

화초를 키우다 보면
햇빛을 향해 무섭게 기울어진다

온 마음과 몸을 내미는 걸까
온 마음과 몸을 잡아당기는 걸까

저 덩굴들이 기어가고
저 마음들이 뻗어가고

해가 동에서 동으로
해가 남에서 남으로
해가 서에서 서로
해가 북에서 북으로만
뜬다면 어떤 일이 일어날까

해는 동에서 서로 지니
식물들도 서서히 몸을 돌려가며 안식하고

한 방향으로만 뻗어가는 나도
햇빛 아래 몸을 돌려보자

개미

개미 한 마리가
크래커 하나를 이고
어디론가 향하고 있다
감당할 수 없는
잡념이
몸집보다 열 배는 더 큰데
부지런히 어디론가 향하고 있다
사디즘 가득한 욕망으로
나는 저 크래커를
부수고 싶고 빼앗고 싶다
크래커를 집어 드니
개미가 매달려 온다
아,
개미는
크래커를 지고 가는 것이 아니라
잘게 씹어 먹고 있었다
삶은 이렇게 살아가는 거라고
나에게
오지랖 그만 부리고
네 갈 길 가라고

몸살

나팔꽃을 옮겨 심었더니
며칠째 자라지 못하고 있다

가만히 들여다보고 있으니
몸살을 앓는 중이라고
지나가던 선생님이 말씀하신다

식물도 몸살을 앓는다는
그 순한 말에
마음이 먹먹해져서

며칠째 감기를 앓던 내 몸살이
낫는 거 같다

선생님
아무 말씀 없이
기다란 받침대 하나 꽂아두고 가신다

II부

바람은 솔솔 자장가를 부르고

봄비처럼 꽃잎이 내리고

꽃잎처럼 봄비 내립니다

잔설

산 밑 응달
남아있는 잔설
까치 한 마리가
꾹꾹 눌러 밟으며
녹이고 있다

이제 그만 떠나라고
이제 미련을 두지 말라고
펴보지 않는 사연처럼
눈길 돌렸던 인연처럼
이제는 보내야 한다고
까치 한 마리가
남아 있는 눈을
밟아 녹이고 있다

보낸 자리에
새봄에는
새싹이 돋고
청보리가 자라나고
바람이 새 소식을 전해 올 거라고

2월의 비도 녹이지 못한
잔설을
까치 한 마리가
꾹꾹 밟아 녹이고 있다

철쭉

11월 어울리지 않는 따스함에
학교 계단에 철쭉이 피었다
단풍이 유명한 교정답게
숨이 턱 막히는 아름다움
제 아름다움에 도취된 단풍이
차가운 공기에 잠깐 정신이 들어
일제히 햇살을 머금었다 뱉었다 숨을 쉰다
단풍이 내뱉은 호흡으로
하늘마저 붉은데
단풍 아래 피어난 철쭉,
이 아슬아슬한 위태로움
햇살은 그것을 알아채고
철쭉 꽃잎에 내려앉지 않았다
내일 당장 서리가 내릴지
모레 진눈깨비 내릴지
저 여린 꽃잎이 버틸 수 있을지
내년 봄을 참지 못하고
피어난 철쭉
아니면 올봄을 놓치고
이제야 피어난 철쭉
시기를 놓친 것들의 짠한 위태로움

발칙한 망상

하늘에서 폭우가 내리던 날
물고기도 익사할 거 같던 날
새들은 중력을 이기고
우주 밖으로 튕겨져 나가고
나를 사랑한 줄 알았던
머슴아이 하나가
밤하늘에
낚싯줄을 던져
별을 따다 주는 대신
별에게 당기어 떠나간 날

모든 발칙한 날들
쏟아져 버린 시간
허우적대던 청춘

어떤 독서

9층 아파트 서재
의자에 앉아서 하염없이
창밖을 쳐다보면
햇살 아래 길 건너
200미터 앞 중학교
운동장이 곧바로
내려다보인다
아이들은 빙판이 된 운동장에서
눈을 던지기도 하고
축구를 하기도 하고
스케이트를 타기도 한다
아무리 추운 날이어도
한두 명은 나와서 운동장을 뛰고 있다
아이들은 너무나 유연해서
마치 곡마단에 줄타기를 하는 곡예사 같아 보인다
아이들은 오선지에 그려진 악보 같다
각자의 음대로 튀어 오르다 연주가 끝나면
쏜살같이 교실로 들어간다
운동장은 아이들이 발길로
써 내려간 책이다
나는 그 책 한 페이지를

햇살이 내리는 오후
멀리서 천천히 읽고 있다

겨울 산의 나무들처럼

월요일마다 운동장 조회가
있으면 운동장 뒤에 서서
아이들의 뒷모습을 쳐다보곤 했다
아이들의 뒷모습은
겨울 산의 나무들 같다
가장 솔직한 뒷모습
지루함과
외로움과
지난밤 잠 못 들고
뒤척였던 펴지지 않는
옷의 주름살처럼
구겨져 있는 자존심도 보이고
옆 친구를 찌르고 싶어
안달 난 손가락의
장난기도 보이며
자신도 모르게 쳐다보게 되는
첫사랑의 설렘도 감추어지지 않는다

운동장 조회 시간
겨울 산의 나무들

나는 운동장 뒤에 서서
따스한 온기를 불어 주고 싶었다
아이들 가는 길
늘 꽃길 가라고 빌어주고 싶었다

횡포

놀이터에서 아이가 막대기를 집는다
화단에 있는 꽃을 향해 내리친다
꽃잎이 부서지고
가지는 뚝 꺾인다
같이 따라 나온 아이들이 웃는다
더 세게
더 세게
이번에는 주변을 돌아다니던 강아지에게 향한다
강아지가 도망가자
아이들이 빙 둘러선다
아이가 막대기로 쿡 찌르자
아이들이 비명을 지른다
제 비명보다 큰 비명소리에 놀라
강아지가 부들거리며 숨을 삼킨다
신이 난 아이가
땅도 치고
나무도 치고
놀이터 기구도 치고
하늘도 휘젓고
따라나선 아이들 손에도
어느샌가

나뭇가지를 들고
이제 서로를 노려본다

그늘막

새봄이 되면
다시 펼쳐집니다

겨울 시냇가 도로변 신호등 옆 그늘막
산책하다가 만난 그 시를
얼어붙은 냇물 위에 다시 쓴다

새봄이 되면
다시 흘러갑니다

봄비

순하게 내리는 봄비
그 등에 업히어
꽃잎 날아갑니다
소풍 나왔다 잠든 아기처럼
살짝 업힌 꽃잎
바람은 솔솔 자장가를 부르고
봄비처럼 꽃잎이 내리고
꽃잎처럼 봄비 내립니다

자작나무

눈이 내린다
자작나무에
나무는 추위에 아랑곳없이
하얀 맨발로
푸른 정맥을 드러내며
눈을 맞으며
서 있다

나무를 태우면
자작자작
나무 타는
소리에 취한
어린 백석 시인이
그 불빛 아래 언 손을 녹이고

어디선가
나타샤는 흰말을 이끌고
청년 백석을 맞이하기 위해
자작나무 아래에 서 있을 듯하다

자작나무는

백석 시인의 나무이다

나는 자작나무 아래
겨울눈을 맞으며
그를 생각한다

6월의 오솔길

나뭇등걸에 앉아 있던
청설모 한 마리가
벗은 발로 사라지며
나에게 의자를 내어 주었다

6월의 오솔길은
짙은 녹음 속에서
나무들은 자신의 등허리에
매달린 넝쿨들을 업어
키우고 있었고
새들은 지저귀며
자장가를 불러 주고 있었다
넝쿨들이 숨 쉴 때마다
내는 호흡이 산을 물들이고 있었다

그 오솔길
가장자리에 들어서며
나도 맨발로
청설모가 앉았던
그 나뭇등걸에 앉아
숲이 깨어나길 기다렸다

알로에

시들어 말라비틀어져 있던
알로에 화분
물 한 바가지에
저리 통통
수액을 머금고
창밖을 뚫고 나갈 듯
진격을 준비하는
무사의 창처럼
햇빛 아래 반짝이며

나의 시도
누군가에게
머리가 아닌
몸으로 읽히어
그 몸이
시 한 모금으로 깨어나
부르르 떨림 혹은 차르르
심장으로 굴러떨어지는
피 한 방울 되어
온기가 되어 퍼질 수 있을까

섬

섬과 섬
사이에
섬이 있다
각자 홀로

섬과 섬
사이에
섬이 있다
물아래
보이지 않게
손을 잡고
하나의 대륙에 발을 딛고

너와 나 사이에
지금은 바닷물이 들어와
저 섬처럼
홀로이지만
저 섬처럼
홀로인 것이 어디 있으랴

2월과 11월

2월이나 11월은 묘하게 닮아있다
겨울 끝자락과 봄날 사이에서
가을 끝자락과 겨울 사이에서

붙잡고 싶지 않은
끝나가는 인연처럼
바람 없이 날아가다
맥없이 주저앉아 버리던 연처럼
구릉과 구릉 사이를 넘어가던
스물아홉 살 서른아홉 살 마흔아홉 살…
모든 아홉수 같은 그런 달

샘물

어느 날
나에게 오는 이들이
샘물
한 모금 마시고
돌아설 때
상쾌함을 느꼈으면 좋겠다

어느 날
나를 스쳐 간 사람들이
샘물을 들여다보고
둥둥 떠 가는 구름 쳐다보고
흘러가듯 가볍게 흘러갔으면 좋겠다

어느 날
폭풍우 같았던,
쩡쩡 내리쬐는 햇빛 아래
승냥이와 같았던,
그 삶을 툭 던지고

샘물
한 모금 마시고

갈 수 있는 품으로
나는 그렇게 살 수 있었으면 좋겠다

어떤 만남

출근길마다 마주치는 신호등 건너
아버지와 남매를 본다
지적 장애를 가진 남매를 앞세우고
아버지는 언제나 뒤에 서 있다
벚꽃은 바람이 불 때마다
작년 가을부터 입었던 단벌
갈색 패딩 점퍼 위로 내려앉는다
사시사철 한 번도 꽃피지 않았을 것 같은
고목 나무 같은 아버지
그 아버지가 지나갈 때마다
가랑잎이 떨어지는 거 같다
나는 바라본다
신호등을 건너오는 두 아이의 얼굴을
햇살 아래 부서지는 두 아이의 웃음을
저 아버지는
사시사철 꽃 한 번 피지 않은 것이 아니라
저 두 아이가 꽃이었구나

아침마다
고목 나무와 그 삶 위에
피어난 꽃을 마주친다

부조화

봄날 파죽지세로 꽃이 핀다
산수유 개나리 목련 매화 동백 진달래 벚꽃 철쭉
순서 없이 기다림 없이
황사가 소나기처럼 씩씩거리며
찾아왔고 으르렁거렸다
꽃이 피는 시작을 알아보지 못한
애벌레들은 뒤늦게 사태를 알아채고
날개를 펼쳐보지만
마음과 몸의 부조화 속에서 뒤뚱거린다
꽃의 마침표를 가늠할 수도 없다
나비도 벌도 없이
봄날 순식간에 꽃이 진다

자괴감

마음을 담지 못하고 흘러내리는
눈물을 닦아주는 이는 없다
마음을 담지 못하는 시는
코끝을 간지럽히다가
재채기가 되어 터져 나온다
숙성되지 못한 시는 알레르기를 일으키며
삶의 곳곳에서 반점으로 번진다
아직 번데기 안에서 있어야 할 시간을
견디지 못하고 세상 밖으로 나온 시
벽을 바라보나 세상을 꿰뚫었던 명랑한 은둔자들의
침묵을 제대로 견디어 보지 못한 나는
문득 누에처럼 기어다니며 나의 시를
먹어 치우고 싶다
나는 오랜 시간 누에고치 속에 매달려 있어야 한다

단풍

단풍의 초록은 단순한 초록이 아니다
4월 교정 가득 찬 단풍
나의 정체성은
10월의 물든 단풍이 아니라고
사람이 규정한 이름을 부수고
저토록 선연하게 초록으로 저항하고 있다

감각

아홉 살 무렵 처음 이가 빠졌을 때
혀끝으로 세밀하게 탐색을 했다
이와 이 사이에 난 그 틈새
아침에 일어나서 저녁에 잠들 때까지
오롯한 나만의 느낌
아무도 눈치채지 못하는
아픔이 조금씩 아무는 쾌감을
상실이 주는 홀가분함을
혀끝으로 온종일 느끼며
까치가 물고 올 새 이를 기다렸다
느리게 음미하는
몸의 생생한 감각이었다

오늘의 급훈

새들은 모두 공룡이다
공룡을 새로 만드는 것
그것이 시간이다
공룡으로 남아 있는 것은 모두 사라졌다
남아 있는 공룡은 이제 새뿐이다
공룡과 새의 사이
그 시간 안에 오늘이 있다
그 사이 안에 우리가 있다

시간의 밀도

슬픔도 물렁해진다
그 사고가 있은 후
그 병이 온 이후
공기의 벽이 그토록 단단함을
처음 알았다
외출을 할 때면
나는 한 걸음 걷기 위해
보이지 않는 공기의 벽을
뚫고 나아가기 위해
살아온 생 전부의 에너지를 쏟아야 했다
침대에 누워 손가락 하나 드는 힘도
몸을 옆으로 다시 틀어 눕는 일도
할 수 없었다
시간이 나를 먹는다
기억의 세포도 느슨해진다
근육은 풀어지고
단단한 분노도 새 세포로 교체되며
모든 것은 부서지고 물렁해지며
시간이 나를 재생한다
시간이 나를 먹은 에너지로
남아 있는 삶을 살아가는 지금

두려운 것은 이제 없다*

*〈우리가 작별 인사를 할 때마다〉 마거릿 렌클 글 인용

생애 첫 기억

우물이 있었다
엄마 등에 업힌 내가
하얀 상복을 입은 사람들을
바라보았다
외할머니 장례식이었다
한 번도 만나본 적이 없었다고
생각하며 살아왔는데
내 생애 첫 기억 속에
자리 잡은 사람은 외할머니였다
나는 엄마 등에 업히어
슬픔으로 들썩이던 흔들림을 기억한다
어쩌면 외할머니는
나를 안아 주었을지도 모른다
나의 얼굴을 기억할지도 모른다
별걸 다 기억한다고
팔순의 엄마가 화들짝 놀라며 말씀하신다
네 나이 겨우 두 돌이 지났었다고

독자

나는 내 시의 독자이다

나는 내 삶을 살아내었다

나는 타인의 시선을 관통해 내었다

나는 관계된 사람들의 마음과 함께 했다

나는 틈나는 대로 책을 읽었고

나는 해석되지 않은 삶의 행간 속에서 서성였고

나는 오랫동안 의문을 놓지 않았고

나는 오십이 넘어야 내 글을 쓸 수 있었다

나는 서투른 내 언어를 가질 수 있었고

나는 내 언어를 통해 내 삶을 서술하였다

언제나 나는 내 시의 맨 처음 독자이다

Ⅲ부

어쩌면 소소했을지도 모를 오해 속에

메일로 날려 보냈던

내 언어는

그대가 다시 보낸

언어에 포위되어 갇혀 버렸다

겨울눈

어떤 말은 내리는 비처럼
수직으로 사람에게 다가가지만
어떤 말은 휘날리는 눈처럼
수평으로 떠돌아 바람이 멈출 때까지
기다려야만 사람에게 다가갈 수 있다
그에게 가 닿았다 해도
그 소소함에 툭툭 어깨를 털어 버린다면
전하지도 못하고 땅에 떨어져 버린다
아랑곳하지 않고 온종일 내리거나
봄 여름 가을비 그친 뒤
자기 차례가 와서야 다시 눈이 되어
전해야 하는 말이 있다
그 겨울이 온 생을 반복해서
전하는 그 사연
오늘 아침 가만히 귀 기울여 들어 본다
오랜 시간 누군가 쓴 시들을 읽어 본다

말문

엄마가 아이에게
백 번도
천 번도
만 번도
넘게 말을 건넵니다
엄~
마~
우리에게 말문을 열게 하는 사람
우리에게 마음 문을 열게 하는 사랑

살아보니
이렇게 귀하게 배운 말문을 열어
사람을 살리고
살아내게 한 말이 적어
부끄럽습니다

사람 마음 문을 여는 말을
제대로 하고 싶습니다

이상한 나라의 앨리스

이 나라에서는
아이들이
어른 옷을 입는다
어른처럼 화장을 한다

이 나라에서는
아이들이
어른의 말을 쓴다
날마다 접두사를 붙여
새로운 말을 만들어 낸다
개좋다 개짜증 개이득
핵좋다 닥전 노잼 노답
혐잘주의 핵인싸

이 나라에서는
어른들이
아이를 모시고 살며
이 언어를 이해하기 위해
사전을 검색하며 공부한다

이상한 나라의 앨리스를

이해하지 못하는 부모들은
날마다 전문가들의 방송을 시청한다
하지만 부모들이 아이들을 이해할 때는
전문가들이 해석해 주었을 때뿐이다

그들이 해석하지 않으면
부모들은 해설지를 빼앗긴 아이들처럼
새로운 상황에서
새로운 단어를 어떻게 해석할 줄 몰라
검색을 다시 한다

이상한 나라에서는
오늘도 아이들이 어른들처럼 살아가고
어른들은 아이들을 해석하지 못한다

부사어

문장성분을 가르치다 문득
부사어에 대해 생각한다

우리말에서 부사어가 없다면
얼마나 심심할까

부사어는 한겨울 화원에서 사는
꽃과 같은 말이다

부사어는 아이들 생일날
매달아 놓은 풍선 같은 말이다

놀이동산에 가서 손에 든
솜사탕같이 달콤한 말이다

때론 술 취한 취객이
잃어버린 신발 한 짝
같은 말이다

소파에 누워 뒹굴거리는
강아지 같은 말이다

나는 부사어를 가르치며
이런 실없는 생각을 한다

부사어가 빠진 말은
일 년 내내 파도가 치지 않는 바다라 생각하며
열심히 수업한다

오해

어쩌면 소소했을지도 모를 오해 속에
메일로 날려 보냈던
내 언어는
그대가 다시 보낸
언어에 포위되어 갇혀 버렸다
골방 속에 갇히어
푸르디푸른 창백해진 얼굴로 버티고 있다가
땅굴을 파고 기어 나온다 해도

그대가 보낸 칼끝으로 무장한
언어들을 피해 갈 수 없을 것 같았다
철갑을 두른
너무나 굳건하여 치명적인 언어들이
노려보는 가운데
그 짧은 순간에
그 어이없는 오해 속에서
시퍼런 한낮에
도망갈 곳 없는 내 언어들

그 짧은 찰나에
나도 너도

모든 페이지를 덮어 버렸다

말

말이 바늘이 되어
누군가를 찌르지 않고
말이 비늘이 되어
누군가의 강을 건너게 해 줄 수 있다면
떨어져 나가 상처 난 지느러미에
순하게 붙어
반짝이는 비늘이 되어
위압으로 버티고 서 있는
저세상
물살을 거슬러 올라가는
저 어린 연어들에게
낚싯바늘이 되어 찌르지 않고
살아갈 수 있는 힘이 될 수 있다면

말이 바늘이 되지 않고
말이 비늘이 되길
어린 너희들에게 붙지 않고
떨어져 나가
비린내 풍기는 잔소리되지 않고
스며들어 살이 되는
어른의 말을 꿈꾸며

침묵

사람들을 만나
말을 많이 하고 온 날
이상하게 잠이 자주 깬다
관절과 관절 사이로
잠과 잠 사이로
낮과 밤 사이로
사람과 사람 사이로
그 경계를 의미 없는 말들이
아교처럼 붙어 끈적이며
관절 마디의 묘한 통증으로 잠이 깬다
틈을 허락하지 않는
수많은 말들
틈이 있어야 바람이 불고
비워내야 피가 돌 텐데
또 뒤척이는 이 익숙한 밤
손가락 하나도 들어가지 않을 것 같은 어둠
이 어둠에도 틈을 내어
바람이 불 수 있도록
이 어둠도 숨을 쉴 수 있도록
이 어둠도 뒤척이는 나로 깨지 않도록
내일은 침묵하자

시지프스

삶에 끼어 있는 것들이여
톱밥처럼 끼 있는 것들이여

날마다 나무를 자르듯
일상을 베어내고
시간의 톱니는 무디어지고
톱밥처럼 부서진 사람
세월에 끼이고

돌을 굴리던 시지프스
이제 날마다 일상의 나무를 자르네

지하철 안에서
쏟아져 나오는
현대판 시지프스들

거대한 빌딩숲으로 사라져 버렸네

모녀

생이 버거워
가슴이 찢어져요

애야 가슴이 찢어진다는 말은
아무에게나 하는 것이 아니란다

그래도 가슴이 찢어져요

애인도 아니란다
남편도 아니란다
지나간 세월은 더욱 아니란다
못다 이룬 꿈도 아니란다
가슴이 찢어진다는 말은
아무에게나 하는 것이 아니란다
아 그 말은
오직 자식에게만 해당되는 거란다
가슴이 찢어진다는 말은 하는 게 아니란다

이제는 지나가 버린 그날
투병 중인 내 등허리를 쓸어내리며
이불 끌어다 덮어주던 손길

서른, 그대

다시 봄이다
지난봄
그대 사랑한 시간을 메고
혼자 산에 오를 때
얼마나 숨이 차올랐던가
가슴 잉잉하게 차오르던 그리움을
자꾸자꾸 내려놓아도
어느새 그대가 떠난 하루가 다시 얹히어
턱끝까지 차오르던 버거움에
진달래가 지천으로 피었는지도
고사리 새순이 발목에 와닿는지도 모르고
나는 산에 오르곤 했다

오늘 그대와 함께 산을 오른다
그대 뒤에서
지난봄 그토록 나를 허덕이게 했던
그대의 뒷모습을 자꾸자꾸 담는다
한때 가벼워지고 싶어서
내려놓았던 그 시간마저
오늘을 꼭꼭 챙겨 담는다
다시는 그대를 내려놓지 않으리라

그대와 함께 걸어가고 있는 이 봄

진달래 붉다
진달래 붉다

시인의 초상

어릴 적
시집을 사면 맨 처음
시인 얼굴을
들여다보는 습관이 있었네

시보다 더 일그러져 보였던
스산한 얼굴
삶을 지나오며
바람 든 무 같았던 얼굴
그 얼굴
싹둑싹둑 썰어져
어디론가 내팽개쳐질 듯해
시는 아름다워도
시인의 얼굴은
구멍 숭숭 뚫린
그 사이로 술술 바람 들어와
바람 든 무 같은 얼굴
더구나 삶이
어떻게 흘러가야 할지 두려워
오랫동안 시를 쓰지 않았네
이제 책 표지 시인의 얼굴을

들여다보지 않기로 했네
내 시가 내 얼굴 안 닮았으면 좋겠네
내 얼굴이 내 시 안 닮았으면 좋겠네
그렇지 않으면
그대 가슴에 바람이 들더라도
나, 상관하지 않겠네
바람 부는 날
시리더라도 상관하지 않겠네

고흐의 노랑

고흐가 그렸던 그림 속 노란 색채는
어릴 적 과학 시간 노란색 셀로판지를
눈에 대고 들여다본 세상이었다
셀로판지 하나가 세상을 바꾸는 것을 보면
천지개벽은 다른 것이 아니라
세상을 바라보는 내 눈에 달려있는지도 모른다
압생트*에 빠져 알코올 중독의 증세로
평생을 노란색 셀로판지로
세상을 보았던 고흐의 그림들
'밤의 카페 글라스'에서는 별은 노랗게 빛나고
건물도 등불도 노랗게 밤에 취해 있다
'프로방스의 건초더미'의 건초도 잘 익은 노란 호박으로 자라
집채만 하게 누워 있으며
'해바라기'는 이글거리는 태양의 음표처럼
더 높이 뻗어가며 휘날리고 있다
'까마귀가 있는 밀밭'은 노랗게 불타고 있고
까마귀는 그의 영혼이 타버리기 전에
그를 데리고 어디론가 떼 지어 날아가고 있다

정신병원에 입원해서야

압생트의 부작용에서 벗어나 그린 '붓꽃'
영롱한 보라색으로 아름답게 피어있는
저 선연한 녹색을 바라보며
고흐도 어딘가에서
셀로판지를 거두고
안식하기를 빌어본다

*압생트 : 황적색을 띠며, 물과 섞이면 뿌옇고 유백광을 내는 백색이 된다. 방향성이 있는 증류주는 달지 않으며, 다소 쓴맛이 난다. 압생트는 브랜디와 마찬가지로 알코올 농도가 높은 주정을 원료로 하여 만들며, 단위 부피당 알코올 농도가 68%인 술로 시판된다. 부작용으로 환각·정신황폐·불임 등을 일으킨다고 추정되어, 건강에 해로운 물질로 여겨지기 시작했다. 그리하여 1908년 스위스에서, 1915년 프랑스에서, 그리고 점차적으로 다른 많은 국가에서 압생트의 제조를 금지했다.

동우 冬雨

그녀의 이름이
겨울비라고 들었을 때
그녀의 이름이
겨울눈도 아니고
겨울비라고 들었을 때
그녀의 눈빛과 표정에서
그녀가 맡은 모든 배역에서
나는 사계절을 본다
한 사람이 웃을 때
봄 햇살이 여름비 사이로 섞여 눈부시고
여름 천둥과 번개가 다시 가을 사과빛 닮은
그녀의 뺨 위에서 눈물로 흘러내리고
그 눈물이 겨울까지 이어져
겨울에도 비로 내린다
산사나무 아래에서,
먼 훗날 우리,
겨울비 아래 우산을 내밀던
소년 시절의 너를 기억하며
가슴에 박제되어
겨울이 되면 제일 먼저 떠오르는 이름
안녕, 나의 소울 메이트

동우冬雨

*주동우 : 중국의 대표 영화배우 겸 드라마 배우. 대표작 〈산사나무 아래〉, 〈먼 훗날 우리〉, 〈소년 시절의 너〉, 〈안녕, 나의 소울 메이트〉 등등

동우冬雨 2

겨울비 내린다
여름 장맛비처럼 내리는 비
그 빗줄기 하나하나가
들여다보일 만큼 세차게
겨울비 내린다
저 빗줄기 하나하나
하늘에서 땅으로
외줄타기하듯
자기 삶을 내리꽂는다
나무 위로
지붕 위로
땅으로
삶을 살아낸 소리를 내며
온몸으로 하나의 줄기가 되어 내린다
때로는 환희로
때로는 비명으로
때로는 절규로

우산 아래로 떨어지는
겨울 빗방울들

구스타프 클림트의 키스

몇 년 전 구스타프 클림트 전시회에서 본
여인은 딸아이 방 액자 속에서도
나를 바라보다가
미술 관련 책을 책장에서 펼쳐보다가
다시 만난다
키스를 받는 순간
세상의 모든 빛은
그녀를 향해 비추고 있다
꽃밭에 무릎을 꿇은 채
발목을 세운 설렘
키스를 받는 순간
그녀의 몸속으로 들어오는 꽃밭의 꽃들
이집트의 파라오에서 뿜어져 나오는
황금빛 광채 같은 황홀
찰나의 그 순간
저 여인이 눈을 감은 채
물빛에 비추는 풍경처럼
잔잔하고 평안한 얼굴로
나를 바라보고 있다
그림을 바라보는 관객들도
키스를 받는다

장예모 감독

그의 영화를 통해
사람의 감정이
사람의 몸놀림이
사람의 고통이
사람의 소리가
사람의 기쁨이
사람의 떨림이
그들이 살아온 삶의
배경이
서사가
자연이
역사가
각기 다른 또는 통합된
색채로 변주되어
눈이
귀가
입이
나의 모든 감각이 색채를 느낀다

색채가 주는 저 지독한 아름다움
색채가 주는 저 비장한 아름다움

기도
– 시인 박서원 님을 생각하며

이 땅에 태어나
발 딛고 서 있는 동안
가졌던 성긴 기억조차
수의 입혀 장사 지내기를
천당도 지옥도 단지
눈만 감으면
하나 둘 셋
수술대 위에 올려진 환자의 의식처럼
사라지기를 바라던 그녀가
이제 기도를 합니다
오랫동안 풀벌레 소리 듣습니다
천년의 겨울 건너온 여자
그녀 발바닥 따스함이
지나온 자리마다
겨울을 녹이어
민들레 피어나고
그 자리에 앉아
기도를 드립니다

천년의 겨울을 건너온 여자가
이제 천년의 봄을 만들어가기를

발톱

30년 전 돌아가신 할머니

쪽진머리 한복 차림으로
아무리 고단해도
누워있는 모습을 한 번 뵌 적이 없는
한 마리 학처럼 흐트러짐이라곤 없었던
할머니가 웅크린 채 발톱을 깎기 위해
순식간에 무너진 모습으로
돋보기를 낀 채
발톱과 씨름을 하고 계셨다

손톱깎이를 받아 든 나는
연장을 이어받은 목수가 되어
손목과 손가락에 온 힘을 다했다
고목나무처럼 단단해진 발톱은
견디어 온 세월만큼 굳어져
쉽게 틈을 내주지 않았다
연장을 내 준 할머니와
연장을 든 어린 손녀가
서로의 눈빛을 교환하며
발톱에 집중했던 그날

할머니는 발톱이 하나씩 떨어질 때마다
툭툭 잘린 발톱을 하나씩 주웠다
열여섯 소녀처럼 부끄러워하시며
고맙다 고맙다
발가락 하나씩마다
열 번의 그 말을 하셨다

딸아이 태어나 첫 발톱을 자를 때
꽃잎처럼 너무나 연했던
그 발톱을 깎아주며
할머니가 떠올랐다

이제 노안이 와
침침해지는 눈으로
구부려 엎드려 발톱을 깎으며
할머니를 생각한다

아마 오랜 후
누군가 굳어진 나의 발톱을 깎아준다면
나도 할머니처럼 열여섯 소녀가 되어

민망해하며 부끄러워하며 고맙다고
열 번은 말할 것이다

침묵의 진동

주님은 내가 소리를 내지 않았을 때에도
스스로 판 우물에 잠겨 있을 때에도
물속에서 그 진동을 알아채고
나에게 헤엄쳐 오고 있다

주님은 내가 소리를 내지 않았을 때에도
내 갈비뼈와 갈비뼈 사이에서 몰아치는
참아왔던 회오리 그 진동을 알아채고
바람을 가르며 나에게 날아오고 있다

내가 삼키는 모든 울음의 진동을 알아채고
내 안에 소리 내지 못하는 모든 침묵의 진동을 알아채고
내가 당신에게 보내지 못한 외마디 비명
삼키는 기도의 진동까지 알아채고
내 안의 모든 소리의 침묵을 알아채고
그렇게 온 생을 함께 하고 있다

엽서

눈을 끔벅거려도
가늘게 떠 보아도
온통 뿌옇게 보이는 게 싫어
차라리 눈 꼭 감고 있는데
엽서 왔네요
책상 위에 놓이는 엽서에는
도미야마 다에코의 5.18 역사의 눈
눈 눈 눈 눈 눈
부릅뜬 그 눈들
수백 명의 사람들
모두 눈을 뜨고
일어나라고
깨어나라고
나를 깨웁니다
엽서는 부릅뜬 눈으로 오고
그날 여기에도 비 내렸습니다
오늘 다시 고려 시대 청동 도자기 사진의
세 번째 엽서를 받았습니다
고려 시대 그 도자기 안에 담긴
차향 내음처럼
하루가 그윽해집니다

뿌옇던 일상이
안경원에 가서 처음
안경을 맞추고 나섰을 때처럼
세상, 갑자기 환합니다

〈역사적 사건 속 특별한 이들을 추모하며〉

어떤 죽음

함박눈이 내린 날
싸라기눈이 내린 날
진눈깨비 내린 날
가루눈 내린 날
서설瑞雪이 되어
내리던 모든 날들 지나가고

가는 바람 간들바람
꽃샘바람 소소리바람
높새바람 명지바람
북새바람 산들바람
벼락바람 살랑 바람
색바람 서릿바람
솔솔바람 왜바람
흘레바람 들바람 되어
계절을 따라
관계를 따라
모두 흘러가고

세월 속
눈물은 내려가고 숟가락은 올라가고
살아야 했던 날 살아내던 날

명命대로 살지 못하고
비명悲鳴만 지르다
비명碑銘으로 남아 있는 사람들

욥 1

신은 당신이 감당할 만큼의
고통만을 줄 거예요
어떤 이웃이 말했다
고통이 너무 커
온몸으로 덮어씌워도 씌워지지 않자
고통은 몸을 뚫고 나와
가시가 되었다
당신에게 다가갈수록 찔리기만 해요
어떤 이웃이 불평했다
이웃은 가위로 가시를 잘라내기 시작했다
가위가 튕겨져 나가자
이웃들은 톱으로 가시를 자르기 시작했다
그건 내 팔이에요
비명을 지르자 이웃들은 귀신이 들렸다고 피했다

고통은 몸을 뚫고 나와 신에게 다다랐다
이 고통의 의미를 알려주면 견디어 보겠나이다
신은 아무 대답도 하지 않았다
이 고통의 원인을 알려주면 견디어 보겠나이다
신은 아무 대답도 하지 않았다

욥 2

언제쯤일까

어제도 아니었고
오늘도 아니었고

언제쯤일까

내일일까
모레일까
먼 훗날 어느 날

나는
욥의 깨달음에 도달할 수 있을까

내 힘으로 갈 수 없어
주님이 다가오기만
기다리는 폭풍의 한가운데

욥 3

하나님
이 잔을 거두어 주옵소서

욥을 위하여
주가 기도하던 밤

욥을 위하여
주가 피 흘리던 밤

하나님이 욥에게 응답하던 때
주를 통해 그 잔을 마시게 하던 밤

사도 바울

쓸려 내려가 서 있던 땅
모든 문이 닫히고
질척거리며 서 있었던 땅
길을 헤매며 방황하던 땅

네가 선 땅은 거룩한 땅이니
신을 벗어라

벗어나고만 싶어
몸부림쳤던 내 삶 위에
딛고 서 있던 땅

그 땅 위로 걸어오시는 주님
그 삶 속으로 들어오시는 주님

바울을 찾아오신 주님
내 삶 속으로 들어오시는 주님

주님과 함께 하며 걸어가는 삶
발 딛고 서 있는 모든 거룩한 땅

주님 오시는 날

내일 지구가 멸망하더라도
나는 오늘 사과나무를 심겠다던
스피노자처럼
내일 주님이 오시더라도
나는 오늘을 살아야 하고
이 자리에서
나는 이 삶에서 만난
남편과 아이들을 위해 한 끼 식사를 준비하고
소박한 밥상 아래 기도를 하고
이 자리에서
나를 바라보는 아이들과 교실에서
작품 속 주인공들의 서사를 이야기하고
이 자리에서
스피노자가 심어 놓은 사과를
한입 베어 물고
그 생명의 씨를 다시 땅에다 심어야지

이 자리에서
오늘 이 시간을 감사하라고
주님이
다시 오시는 날을 우리에게 알려주지 않으셨지

날마다 아침으로

아침에서 저녁인 시간을
저녁에서 아침으로
돌려놓는 예수님

요나의 시간을
부활의 시간으로
돌려놓는 하나님

날마다 아침으로
깨어나 살게 하시는
나의 주님

어둠에서 빛으로
시간을 돌려놓는
나의 하나님

새해 2

시간과 공간으로 들어오신 분
이 땅으로 오신 분
주님과 함께 새해를 시작합니다

사람의 역사 속으로 들어와
육체로 살아내시며
죽음을 이겨내며
우리를 죄에서 건져 내신 분
주님과 함께 다시 새해를 시작합니다

찬송

내 찬송을 다른 우상에게 주지 않으리라

네가
바로 나(하나님)의 찬송이므로
나(하나님)는
너를 기다리고
너를 참고
너를 인내하고
너를 포기하지 않고

하나님 아버지
내가
이런 부족한 내가,
하나님의 찬송이 되나니
하나님의 은혜로
하나님의 사랑으로
나를 포기하지 않고
살아갑니다
나를 다시 세우며
살아갑니다

| 해설 |

힘겨웠던 생의 순간들에 붙이는 이름,
그 아름다운 시간의 밀도

신원석(시인·문학평론가)

1. '시간의 밀도'

인간이라는 존재는 사유를 통해 '시간'이라는 관념적 언어를 만들어 냈지만, 인간에 의해 창조된 '시간'은 인간이라는 존재가 이 세상에 출현하기 이전부터 이어져 왔다. 이 세상에서 인간이라는 존재가 소멸했을 때조차 흐르고 있을 이러한 '시간'에 대해 우리는 여러 방식으로 이름을 붙여 왔다. 우리는 끊임없이 이어져 있는 시간을 '과거', '현재', '미래'라는 시제 범주로 나누어 표현하기도 하고, '한 해'라는 주기를 설정해 그에 맞추어 다가오는 '절기'를 추론해 내기도 한다. 또 개인적으로 기념할 만한 날짜를 '기념일'로 정하고, 다 같이 모여 특별한 의식을 치르기도 한다. 이렇듯 언어는 구체적인 대상뿐만 아니라 추상적인 관념까지도 구별할 수 있게 하고, 그러한 언어를 통해 우리는 사고하고 소통하며, 설득하고 감동하는 것이다.

언어적 인간 중에서도 '시인'이라는 존재는 단연 '이름 짓기'의 명수名手여야 할 것이다. 성경옥 시인이 두 번째 시집을 내놓기까지 걸린 2년이라는 시간의 밀도는 어떠했을까. 시인은 자신의 삶을 관통하는 시간들을 붙잡아, 저마다 하나씩 '이름'을 붙이고 그 이름에 생명을 불어넣느라 여념이 없는 날들을 보냈을 것이다. 그런 점에서 성경옥 시인의 두 번째 시집 『시간의 밀도』는 그가 첫 시집 『작은 자의 초상』을 세상에 내놓은 2022년부터 지금에 이르기까지의 생의 시간들에 대한, 시인 고유의 명명命名 의식이며 그 결과물이다.

    쌀 씻는 소리
    밥하는 소리
    파 써는 소리
    두부 써는 소리
    된장 푸는 소리

    밥 익는 냄새
    된장국 끓는 냄새

    숟가락 놓는 소리
    반찬 뚜껑 여는 소리

    삶에 지쳤을 때
    우리 일상을 떠받치는
    저 힘과 질서

    온 우주보다
    네가
    더 귀하다고
    밥 한술 떠먹는
    내가
    더 귀하다고

하루를 살아낸
그대

이 밥상을 차리고 먹을
자격이 있다고

―「하루」 전문

우리에게 '하루'란 '24시간'이라는 관념으로 존재하지만, 이 '하루'라는 단어를 우리의 생과 관련지으면, 그것이 그리 단순히 이해하거나 수용할 수 있는 차원의 것이 아님을 우리는 쉽게 알 수 있다. 우리들의 생에서의 '하루'란 매일 반복되는 '일상'의 다른 이름이지만, 언젠가는 끝이 나게 되어 있는 생의 유한성을 내포한 단어이기도 하다. 그래서 이 시를 지배하고 있는 반복적인 행위와 감각들, 이를테면 '쌀'을 씻고, '밥'을 하는 행동이나 '파'를 써는 소리, '밥'이 익어가는 냄새, '된장국'이 끓는 냄새 등의 감각들은 '일상'을 떠받치는 '힘과 질서'라는 또 다른 층위의 의미를 지니게 된다. 저마다의 '우주'를 지키기 위해 우리는 '밥상'을 차리고, '밥 한술'을 떠넘긴다. 하루를 '살아낸' 그대가 먹을 자격이 있는 이 '밥상'의 미학을 통해 우리는 고통이 생의 실존이며, 필수적 요소라는 시인의 인생관을 간접적으로 읽어낼 수가 있는 것이다. 누군가에게는 갈망이었고, 또 다른 누군가에게는 고통이었을 시간에 대한 이러한 사유는 삶의 본질에 대한 시인의 깊은 인식과 통찰이 그의 내면에 자리 잡고 있기 때문에 가능하다.

2. '아기', '아이들'

아기의 손가락을 하나씩
펼쳐 보고
그 작은 손바닥 안에도

주름진 손금이 있는 것을
발견하고 울었던 기억

삶을 살다가
넘어야 할 산도 보이고
지나야 할 강도 보이고
두 손 모아 기도해야 할 순간도 보이고
휘몰아치는 회오리 같은 환희의 순간도 보이고

아기의 손가락
하나씩 다시 접으면서
엄마 손바닥보다 더 큰 손이 되어
너에게 놓인 이 삶을

다 살아내고
더 사랑하라고
더 씩씩하라고

기도하던 밤

— 「손금」 전문

  시인의 이번 두 번째 시집에는 시인이 엄마로서 또는 교사로서 마주한 어린 생명들에 대한 시편들이 다수 실려 있다. 시인에게 '아기' 또는 '아이들'로 규정되는 존재들은 시인의 전 생애를 반추하게 하는 매개물인 동시에 시인이 시인 자신과 극적으로 조우遭遇하게 하는 특별한 존재로 그려져 있다.
  '아기'는 순수함의 결정체이다. 특히 갓 태어난 아기는 세상의 그 어떤 감각도 축적되지 않은 상태다. 시인은 이 세상에서 그 어떤 것도 내면화되지 않은 '아기'의 손가락을 하나씩 펼쳐 보다가, 그 작기만 한 손안에 새겨진 '손금'을 발견하고, 조용히 울음을 머금는다. '아기'를 희망으로 가득 찬 새 생명으로 인식하는 많은 시편들과 달리 성경옥 시인의 시 속 '아기'라는 존재는 삶을 '살아내야' 하는 존재, 수많은 고통과 대면하고, 그러한 고통을 견뎌내야 하는 존재로 그려져 있다. 이미 생의 고통을 충분히 경험한 시인에게 '아기'는 사랑과 연민의 대상이면서, 시인을 대신해 생의 진정한 의미와 가치를 찾기를 바라는 기원의 대상이기도 하다.

> 놀이터에서 아이가 막대기를 집는다
> 화단에 있는 꽃을 향해 내리친다
> 꽃잎이 부서지고
> 가지는 뚝 꺾인다
> 같이 따라 나온 아이들이 웃는다
> 더 세게
> 더 세게
> 이번에는 주변을 돌아다니던 강아지에게 향한다
> 강아지가 도망가자
> 아이들이 빙 둘러선다
> 아이가 막대기로 쿡 찌르자
> 아이들이 비명을 지른다
> 제 비명보다 큰 비명소리에 놀라
> 강아지가 부들거리며 숨을 삼킨다
> 신이 난 아이가
> 땅도 치고
> 나무도 치고
> 놀이터 기구도 치고
> 하늘도 휘젓고
> 따라나선 아이들 손에도
> 어느샌가
> 나뭇가지를 들고

이제 서로를 노려본다

- 「횡포」 전문

성경옥 시인은 우리가 살아가는 세계에 만연해 있는 이기심과 폭력성을 드러내기 위해 '아이들'의 모습을 알레고리로 활용하기도 한다. '꽃'을 향해, '강아지'를 향해 '막대기'를 내리치는 아이는 인간 내면 깊숙이 존재하는 폭력성을 극적으로 보여준다. 그 아이와 함께 웃거나 비명을 지르는 아이들은 폭력이 이루어지는 상황을 묵인하거나 방조傍助하는, 우리 사회의 비정함과 악惡을 간접적으로 드러낸다. 이 시는 '아이들'을 매개로 약자에 대한 횡포와 그에 대한 방관을 그려냄으로써 타성에 젖은 채 이기적인 삶을 살아가는 우리를 향해 강력한 경고의 메시지를 던지고 있는 것이다. 플랭클은 폭력성을 인간의 근원적 욕구로 해석한 프로이트의 심리학을 비판적으로 수용하면서 인간은 '자유 의지를 지닌 영적 존재'라고 표현한 바 있다. 인간은 단순히 폭력성이라는 근원적 욕구에 따라 행동하는 존재가 아니며, 양심과 책임감에 따라 자신의 행동을 선택하는 존재로 파악한 것이다. 시「횡포」는 아이들의 모습을 통해 부조리한 세계의 모습을 보여주면서, 우리가 다시 '영적 존재'로서의 실존을 회복해야 함을 제시하고 있다.

3. '몸'과 '마음'이라는 두 자아

마음은 인어처럼
유연하게 물살을 가르며
헤엄칠 수 있을 거라 생각했지
그 마음을 붙잡아
몸은 여기에 있네
발목은 더 이상 유연하지 못하고
중심을 잃은 몸은 나아가지 못하네

몸은 언제나
여기 현재를 살고 있어
널뛰는 마음을 붙잡아 두고
과거와 미래를 넘나드는 생각을 멈추게 하고
나를 바라보게 하네
이 정직함을 깨닫게 하네
몸으로 배우지 않은 것들의 허상
손을 뻗어 가르며
물살을 가르며
마음이 아닌
온몸으로 나아가리라
인어처럼 발목이 지느러미가 되지 않는다 해도
서툴게 차는 내 발길을 힘차게 밀어낸다
―「수영강습」전문

  성경옥 시인이 보여주고 있는 자기 인식과 성찰은 '마음'과 '몸'의 불균형에 대한 인지에서 머물지 않고, 그 간극을 수용함으로써 새로운 삶으로 나아간다는 점에서 미래 지향적이라고 할 수 있다. 유연하게 물살을 가르며 헤엄칠 수 있을 것 같은 '마음'과 더 이상 유연하지 못해 중심을 잃고 휘청이는 '몸'이 괴리된 상황에서 시인이 보여주는 것은 현재라는 시간 속에 머물러 있는 자신에 대한 객관적 성찰과 깨달음에 다다르고자 하는 줄기찬 노력이다. 언제나 '현재'를 살아가는 몸으로부터 '과거'와 '미래'를 넘나드는 생각을 멈추게 하고, '몸으로 배우지 않은 것들의 허상'의 정직함 앞에서 시인은 '마음'이 아닌 '온몸'으로 나아갈 것을 다짐한다. 서툰 발길이나마 힘차게 밀어내 보려는 시인의 몸짓에는 몸을 움직이는 것 이상의 의미가 담겨 있고, 그런 시인의 걸음은 현재라는 시간을 딛고 미래로 나아가고자 하는 '비약飛躍의 몸짓'이 된다.

젊은 날에는
마음에 끌려
몸이 살았네

세상에
사람에
사랑에
미혹된 마음
분주하기 그지없어
몸이 쉬기가 쉽지 않았네

어느 날부터
몸이 마음에 자꾸 기대네
힘들다고
한밤중 잠에 깨어
칭얼대는 아이처럼
몸이 마음에 자꾸 안기네
마음이 몸을 비로소 들여다보며
아 네가 있었구나
네가 나였구나
내가 너였구나
몸과 마음이 서로를 애잔하게 쳐다보게 되는
몸과 마음이 서로를 기대고 앉아 있는

그 어느 시간
자각하는 시간

-「자각」 전문

'마음'에 이끌려 '몸'이 살던 젊은 날을 지나 시인은 어느덧 '몸'이 자꾸만 '마음'에 기대는 시절을 살아가고 있다. '마음'이

'몸'을 들여다보는 행위는 분열된 시인의 자아가 서로를 응시하는 시간이며, '자각'은 자신과 삶에 관한 성찰이 이루어지고 있음을 뜻한다. 이렇듯 현실을 판단해 자기의 능력을 스스로 깨닫는 과정 속에서 시인은 '몸'과 '마음'이 서로를 기대고 앉아 서로를 향해 애잔한 눈길을 보내는 순간을 포착하게 된다. 이는 괴리되었던 두 자아, 즉 '몸'이라는 육체적 자아와 '마음'이라는 정신적 자아가 서로를 향해 따뜻한 시선을 보내는 순간으로, 네가 너이며 동시에 네가 나인 '합일合―'의 순간이다. 이러한 자아의 극적 화해는 늘 그렇듯, 새로운 미래를 향해 나아가게 하는 근원적 동력이 된다.

4. 너와 나의 아름다운 '관계'

> 강물이 등을
> 보여주는 순간,
> 그것을 보는 이는
> 느리게 걷는 자이고
> 오랫동안 들여다보는 사람이다
> 파도처럼 각자 튀지 않고
> 달리지 않고 덤벼들지 않고
> 잔잔하게 어울려 서로 빛나는
> 저 물비늘
> 강이 그 등허리를
> 햇빛 아래 반짝일 때
> 그들만이 눈빛으로
> 그 등을 쓸어내릴 수 있다
>
> ―「강물」 전문

이번 시집에서 시인의 시선은 유독 '관계'를 향해 있다. 그것은 삶이라는 것이 둘 이상의 사람이 서로 관련을 맺으며 살아가는 것이라는, 지극히 당연해 보이는 생에 대한 시인의 철학 때문일 것이다. 그래서 이 시의 첫 구절, '강물이 등을/ 보여주는 순간'은 모든 관계 맺음의 시작을 상징적으로 형상화한 것으로 읽힌다. 내가 '등'을 쓸어주기 위해서는 우선 상대가 '등'을 보여주어야 하지만, 정작 상대가 자신의 '등'을 보이게 하기까지는 오랜 시간과 많은 노력이 요구된다. 인간은 타인과의 관계 속에서 자신을 발견하고, 우리의 삶 또한 타인과의 관계 속에서만 영위될 수 있다. 그런 의미에서 '관계 맺음'은 생의 대전제이자 진정한 관계로 나아가기 위한 필수 조건이다. 이 시 속에서 유유히 흐르는 '강물'의 이미지는 아마도 시인이 지향하는 바람직한 관계의 형상일 것이다. '파도'처럼 서로를 향해 달려들지 않고 덤벼들지 않고, 그저 '강물'처럼 느리게 흐르면서, 상대를 오랫동안 들여보는 일. 그것이 관계 맺음의 시작이며, 또한 함께하는 생의 출발점인 것이다.

> 출근길마다 마주치는 신호등 건너
> 아버지와 남매를 본다
> 지적 장애를 가진 남매를 앞세우고
> 아버지는 언제나 뒤에 서 있다
> 벚꽃은 바람이 불 때마다
> 작년 가을부터 입었던 단벌
> 갈색 패딩 점퍼 위로 내려앉는다
> 사시사철 한 번도 꽃피지 않았을 것 같은
> 고목 나무 같은 아버지
> 그 아버지가 지나갈 때마다
> 가랑잎이 떨어지는 거 같다
> 나는 바라본다
> 신호등을 건너오는 두 아이의 얼굴을
> 햇살 아래 부서지는 두 아이의 웃음을
> 저 아버지는

사시사철 꽃 한 번 피지 않은 것이 아니라
　　저 두 아이가 꽃이었구나

　　아침마다
　　고목 나무와 그 삶 위에
　　피어난 꽃을 마주친다
　　　　　　　　　　　　－「어떤 만남」 전문

「어떤 만남」이 보여주고 있는 '관계'는 어떤 모습일까? 시인은 아침마다 '지적 장애를 가진 남매'와 그들의 '아버지'를 마주한다. 단벌 패딩으로 겨울을 나는 남매의 아버지는 '꽃'이 피지 않는 '고목 나무' 같다. 보지 않아도 힘겨웠을, 그의 가랑잎 같은 삶이 그의 발걸음을 따라 떨어진다. 하지만, '햇살 아래 부서지는 두 아이의 웃음'을 바라보다가 시인은 처음 인식했던 그들의 관계를 수정해야 함을 느낀다. '아버지'가 꽃 한 번 피우지 못한 것이 아니라, 이미 그에게는 '꽃'으로 핀 자식이 둘이나 있다는 것을, 그래서 '고목 나무'는 아침마다 두 송이의 '꽃'을 활짝 피운다는 것을.

　매일 아침 이루어지는 그들과의 만남을 통해 시인은 존재들의 관계를 새롭게 바라본다. 시인의 이러한 '관계'에 대한 인식은 시간적, 공간적 배경을 초월해 무한히 확장되면서, 우리의 인식을 더욱 고양된 어떤 지점으로 이끈다.

5. '시詩'를 앓다

　　새봄이 되면
　　다시 펼쳐집니다

　　겨울 시냇가 도로변 신호등 옆 그늘막
　　산책하다가 만난 그 시를

얼어붙은 냇물 위에 다시 쓴다

새봄이 되면
다시 흘러갑니다

— 「그늘막」 전문

 시인은 지난겨울 산책하다 만난 '그 시'를 '얼어붙은 냇물' 위에 다시 쓰고 있다. 새봄은 시를 다시 흘러가게 하기도 하고, 접어 두었던 시를 다시 펼치게도 하는 계절이다. 시를 쓰는 일에는 끝이 없다. 과거에도 미래에도 떠나지 않고 제자리를 맴도는 시, 여기에도 있고 거기에도 있는 시는 시인으로서 평생 고민해야 하는 '화두話頭'이자 치유될 수 없는 '병病'이다.
 이번 성경옥 시인의 시집에는 '시詩'에 대한 시인의 사유와 시인으로서의 정체성을 찾으려는 시인의 노력이 행간마다 녹아 있다. 시인은 자신의 시를 가리켜 '아직 번데기 안에서 있어야 할 시간'을 '견디지 못하고 세상 밖으로 나온' 것이라고 말한다(「자괴감」 중에서). 그래서 시인은 시편 곳곳에서 자신의 시에 대해 끊임없는 물음을 던진다. 누군가의 '머리'가 아닌 '몸'으로 읽히는 시가 될 수 있을까, '온기'가 되어 퍼지는 한 방울의 '피'가 될 수 있을까(「알로에」 중에서). 이는 시를 쓰는 사람이라면 누구나 꿈꾸고 바라는 일일 터이지만, 그러한 시를 쓰기 위해서는 아직도 '오랜 시간 누에고치 속에 매달려 있어야 한다'는 것을 시인은 알고 있다(「자괴감」 중에서). 그러나 나는 성경옥 시인과 같은 꿈을 꾸는 시인으로서, 그리고 그의 열렬한 독자로서 그의 '시간'을 응원한다. '시간'은 성경옥 시인에게 끊임없이 재생의 에너지를 부여할 것이다.
 아름다운 시 한 편을 꿈꾸는 시인에게 '두려운 것'은, 없다(「시간의 밀도」 중에서).

그림과책 시선 306

시간의 밀도

초판 1쇄 발행일 _ 2024년 7월 12일

지은이 _ 성경옥
펴낸이 _ 손근호

펴낸곳 _ 도서출판 그림과책
출판등록 2003년 5월 12일 제300-2003-87호

03924 서울특별시 마포구 월드컵북로54길 17 821호
    (상암동, 사보이시티디엠씨)
    도서출판 그림과책
전화 (02)720-9875, 2987 _ 팩스 (02)720-4389
도서출판 그림과책 homepage _ www.sisamundan.co.kr
후원 _ 월간 시사문단(www.sisamundan.co.kr)
E-mail _ munhak@sisamundan.co.kr

ISBN 979-11-93560-13-6(03810)

값 12,000원

이 책의 판권은 지은이와 그림과책에 있습니다.
잘못된 책은 교환해 드립니다.